在我的
OPEN SPACE
开放式
工位

# 在我的开放式工位

[法] 雅姆 著　谢昱 译

DANS MON OPEN SPACE

四川文艺出版社

上色：帕特里斯·拉瑟内

感谢帕斯卡莱和鲍里斯。

青马（天津）文化有限公司
出　品

你的做法
不对！

应该温和地对
待它，和它轻
声交流……

如果你表现出
很爱它，它会
百倍地回报
你……

比如说，轻抚键盘，
而不是狠敲键盘，
我们想让它做什么
它就做什么……

这不，就
好了……

你瞧，一点儿
也不复杂……

嗒！

对了，你最近
跟姑娘们相处
得如何呀？

还是该谢谢
你，嗯……

15

哈哈哈！真有你的，让吕！

哈哈！是呀，真逗！

呵呵，这个笑话绝了……

嘻嘻……

咦……他怎么不笑？他可能觉得不好笑？

嗯？

呃……好笑……

哈哈哈，太逗了……

好了，看来需要赶紧温习一下企业生存的几条基本原则了……

公司?

是我创建的，也是我带来了最大的客户……

很显然，如果我不在了，公司也就完了……它是撑不下去的！

好了，总而言之，公司，就是我！

公司必不可少的职位？

当然是财务总监！

想想，一个公司，它的存在是为了什么？一言以蔽之，为了赚钱！它可不是一个慈善机构……

相信我，财务是公司的发动机，只有这才是真理！

听我说，公司的存在是为了把消费者和需求联系到一起，不是吗？

那么是谁把它们联系到一起的？嗯？嗯？是谁？当然是市场部！它是一切的基础！

没有市场部，就没有公司！

而且，这是个很不错的标语……

呵呵，我仿佛在听有关主要职能和辅助职能的老生常谈……

……可是，今天的我们处于信息时代，没有信息技术，公司什么也不是……

一切都在服务器内，一切都通过网络进行，事实上，这一切都多亏了我……

你看，根本没什么可讨论的……

哈哈哈！

我觉得财务部、市场部和人事部都太可笑了！

不是，大家能认真一点儿吗？公司推出一款产品是为了赚钱的……产品会自己走进商店里去？可能吗？嗯？

销售，这才是战争的核心！

我的团队，不管你让卖啥，都能给你卖出业绩来，是他们养活了周围所有的寄生虫！

如果您问我的意见，公司必不可少的部门是清洁部门……

啊？

是啊，先生……

您能在一家厕所又脏又臭的公司安心工作吗？嗯？

23

不过在进入高层角逐之前……

……建议大家逐步磨炼技巧。

?

我说，你那个是粉刺吗，还是别的什么？

嗯？

什么？

哪儿？

初级技巧，完成。

于贝尔！
你来得正好！

怎么？

今天，你要和
让 - 吕克工作一天……

为了让你继续
慢慢融入到
公司里……

呃……
是必须的
吗？

好啦，我们会
好好照顾你的！

别担心！

而且，我的销售团队
全都在公司，今天是
我们的每月例会……

给你介绍我的人，
让你融入我们的大家庭，
今天机会难得呀！

你要小心哦，
他们可都是
强悍的人！

都是
身经百战的
销售！

你待会儿看吧，
他们可不是
吃素的！

哈哈！

GROTTE
DE RÉUNION

会议窟

29

30

呃……这是哥伦比亚加特纳咨询集团最新的研究成果……

……它可是美国最大的人力资源咨询事务所!

从什么时候开始要美国人来决定我们的政策了?

那又怎样?

嗯?

可是……我……

罗兰!瓦尔特正到处找你呢!

好像是养老基金公司叫什么"得克萨斯基金公司"的……

?

……威胁说如果我们不能保证给他们更高的股息,就要把他们手里的股份卖掉……

啊,见鬼!

"得克"什么来着?

好了,好了……

唉,我这就去见他……

35

咦……你还在呀，都几点了？

啊啊……是啊……

70 页的文件复印 200 份，还要装订起来，明天早上的分销商会议要用……

唉，这就是实习的魅力呀！加油干吧……不过时间都这么晚了……

……你还是小心维克托吧……

维克托？

是呀，你知道，我们那个柜子里的小老头……

没事的，你以后就知道了……明天见！

夜晚愉快……

40

可是你看……他们拖拖拉拉游手好闲，就跟只有 15 岁似的……

我都不知道要怎么鼓励他们了……

你真不知道？

不、不知道……

要是你多给他们一些零花钱呢？

♪ 啦啦啦! 我什么也听不到……

呃……

克劳德？

……我刚按下 "Enter"，呼啦一下子，什么都没有了……

哦，没事儿……只不过是在后台管理系统中的输入错误……

……所以在 "php" 和 "asp" 之间出现了问题，与源数据库产生冲突……这引起版本升级，删除了你原先的设定，使你无法进入前台系统……

你们会很开心的！公司为我们推出了一个限量版新款……

……为了促进这个季节的销售。

就是它！

我给大家念念市场部写出来的产品销售指导……

咳。

"不变形、低调、魅力集于一身，'太阳'内衣拥有吸引所有女性的全部优点……

无论是活跃、精力充沛、热爱生活的年轻女性，还是想要再塑青春的成熟女性……

产品丝滑细腻的独特质地，超细纤维的花边，极致的精美设计，这一切使最挑剔的顾客都无话可说……

为您的内衣再添一缕阳光吧！"

好吧……

我来翻译一下……

这款产品就是"炸弹",兄弟们!

我们得把它填满促销展架,抓住家庭主妇,让销量冲顶!

我说,没问题吧?

完美!

对,超级产品!

哇呜!

喔!

太棒了!

是呀!

我买!

哦……如果我理解得没错，你什么都不做，就能使公司陷入危险，是这样吧？

对！我就是那颗用来卡住齿轮的沙粒！

可是，你这么做，在公司里待不了多长时间啊，我想……

是啊，我知道……

我还从没有一次做满试用期呢……总是在最初几天就被开除了……没办法，这就是坚定革命者的艰苦处境！

那么我们可能不会再有机会碰面了……

再见！应该说，永别了……

再见了，同志！

可我呢⋯⋯
每两年才有几天
的恋情⋯⋯

结果呢，
我已经到了还能生育
的最高年龄了。

我什么都
牺牲了⋯⋯

不错⋯⋯可是，
我永远都只是一个
助理，我每月的净工
资最多也就1300
块⋯⋯

你知道吗？我羡慕
你为了这么点儿钱
还愿意工作!

啊……很好！

根据我的计算和最新的趋势，如果减少70%的员工，股市就会有30%的增长！

可是，你说……一个公司，它是靠什么生存的？

太简单了！它产出利润，管理现金流！

对，可是，公司具体生产什么，才能做到这些呢？

呃……增值……

是，可是在什么上增值呢？

呃……呃……

那些工厂，你用来做什么呢？

啊！那些是对社会的资助，不是吗？

如果数量不是太多的话，会给我们的生意贴上一个道德的标签，对股市有好处……不过，它确实是个财务上的无底洞啊！

你知道吗，有时候和财务部聊聊天，让我感觉很好……

不要客气……

星期四是于盖特 50 岁生日。我们要送他一个小礼物……你想出多少？

海伦妮结婚，你出份子吗？

下星期勒内退休，要开个告别酒会……我们想凑钱给他买个礼物……

明天是马丁家的乔迁之喜……我们要送他一整套花园小矮人……

你出多少钱？

你有时间的话，想着给乔斯琳和她的宝宝出份子钱啊。

56

吧啦吧啦/圣特罗佩的假期吧啦吧啦/朋友的游艇吧啦吧啦……

吧啦吧啦/巴塔哥尼亚的徒步旅行吧啦吧啦/和加乌乔牧人一起生活吧啦吧啦……

摩纳哥一级方程式锦标赛吧啦吧啦/与公主殿下共进晚餐吧啦吧啦……

吧啦吧啦/橄榄球决赛吧啦吧啦/那真是男人的运动吧啦吧啦吧啦

吧啦吧啦吧啦/维登峡谷吧啦吧啦/玩索降吧啦吧啦

吧啦吧啦/塞纳吧啦吧啦/豪华轿车吧啦吧啦/直升飞机吧啦吧啦

啊……偶尔能这么非正式地聊聊天，真好……

对了，提一个更务实的问题……关于我涨工资的事？

58

面对危机，唯一的解决方法：大规模裁员！

你看到我走过时他们那一张张脸了吗？

什么意思呀？

好像这些蠢材都很怕我……我吓着他们了，是吗？

呃……

我真不敢相信！……我，我是一个新派的老板……

你想让我被开除还是怎么的？这是保密信息！我没有权力把它给你！

听着，我知道，可现在，生死攸关！我们会失去这个客户的……

不，不，不！绝对不行！

……真的不容易……

克劳德？

哎哟，我的天哪！好了，我现在心动过速了！

克劳德！

我们有时不得不采用可与美国中情局相媲美的手段……

你想聊聊那500千兆下载到你电脑硬盘上的成人音频和电影吗？

刚才商业计划介绍结束的时候，我好像没听见你发言？

啊……这是一个颇具挑战性的不错的商业计划，是的……

……不过，说什么精彩、太棒了、无与伦比之类的，我开不了口，总得有个度吧，对不对……

哦，你知道，我是不会轻信的……我太了解人情世故了！

太棒了，议员先生，这次无与伦比的选举胜出实在是精彩绝伦！绝对完美，真的！棒极了！我绝对没有夸大其词！

我说，
雅姆……

怎么？

你觉得有没有办法
让我也有自己的
名片呀？

呃……你是
实习生呀……

是，是，
我知道……

可是我想这样有助于
我坐稳这个职位……

"大家好，今天是我在这里的最后一天，你们在我实习期间让我干了不少苦活儿累活儿……"

嗯……不行，太平淡……

"大家好，我不无激动地要对你们说，有些事我永不后悔……"

不行，不行……太普通了。

7号线换乘

LIGNE 7 transob

"大家好，我走了，去你们的吧！"

书店

LIBRAIRIE

……就是它了，非常好，干脆，不含糊。

大家好，我……

啊！你来得正好，小于！

82

特大消息！罗兰正找你呢，他要给你一份工作合同！真正的工作合同！

酷吧，是不是？

怎么样，你觉得如何？

我……

我现在死而无憾……

好了……按照程序，你还是要先和罗兰谈一谈的……

……如果你能避开出现自杀倾向这一环节，应该就没什么大问题……

来吧于贝尔，准备好！

今天属于你！

你终于要签工作合同啦！

再没有什么能够阻挡你！

你是一个真正的国王！

世界属于你！

这没什么的，于贝尔……

这正说明你还是人，尽管经历了这一切……

嗯……我看到你是国际贸易学士，还是金融硕士、市场营销博士……

好，好，很好……

已经几个月了，让-吕克总是来烦我，说要一个女助理……

鉴于你在他的部门实习过，我就把这个职位给你吧……

女助理？

哦，你知道的，现在还有很多男接生婆呢！

好了，如果你拿到一份永久工作合同，那正是因为你向我们证明了你有能力胜任这一工作。

这是一个关键岗位，对公司非常重要。我们大家全靠你了！

我想你有出色的能力和工作所需的所有才干。

我们希望你付出与你才能相当的努力！

至于工资，你从每月1200欧元开始……

还有问题吗？

没，没有……

根据劳动法规定，
你刚开始工作时，
会有一个月的
试用期……

……我要跟你讲清楚，
这个试用期将自动延长。

哦……可是……
我已经做了六个月的
实习了……

我想我已经
证明了我能够胜任，
即使在没有工资的
情况下……

正是如此！现在
你需要证明你在
有工资的情况下
仍然可以胜任。

你明白
吗？

于贝尔，是吧？

你是新来的吧？

呃，是，可……

认识你很高兴，我叫梅拉妮……一线总裁助理……

……你也可以理解为前台……

不过，我们之前就认识呀……反正，我是认识你的……

啊，是吗？

怎么会这样？

呃……对，我是今天才签的合同……

……可我在这里做实习已经有六个月了……

做什么？

实习……

什么？

我说，梅拉妮，有件事我弄不明白……

什么事？

为什么你和别人见面行贴面礼，却只和我握手？

这……这么说吧，你现在还在试用期……

因为还不确定你是否会留下来，我不想过多投入到我们之间的关系中……

别怪我，哎，我只是不想浪费感情，你明白吧……

这个时候，你听好了啊，他说："我们又不是牡蛎！"

哦，是吗？呵呵呵呵……

哈哈哈哈！

是呀，这话太绝了！哈哈哈！"我们又不是牡蛎！"

呵呵呵呵，是呀。

太逗了！

好了……我得走了……我跟销售们有个会……

我也得说给他们听听！

啊，是呀，呵呵呵。

行了，可以放松啦……他走了。

啊，是吗？呵呵呵呵……

你肯定吗？

罗兰，我刚碰到于贝尔了……

你已经把那个职位给他了？

应该由我来做这件事，不是吗？

你要我提醒你人力资源总监的定义吗？

可是现在，一有什么比较酷的或是能露脸的事，我们的老板就第一个冲上去！

那我还有什么用？

啊……你也在问自己这个问题呀？

那么好，我希望你做到……我们需要建立信任关系……

……互相信任，几乎融为一体的关系，在这种关系中，我们可以互相依靠。

总之，你需要提前知道我的需求，我也会给你慷慨的回报……

当然，在纯粹的工作范围内……

当然……

怎么样，什么时候办你的入职酒会？

呃……我得先拿到第一个月的工资再说……

嚯嚯，我不知道你原来这么小气……

不是，事实上，我是想等到我的试用期结束以后……谁也不知道会怎么样……

你得乐观一点儿……

是哪个蠢货昨天去杜什劳斯开会的？!!

乐观，首先是自己的意愿，你会懂的……

是的，对，可以把工作合同看成是一场基于利害关系的婚姻……

没错，同甘共苦，可以这么说……

不，妈妈，我不打算和同事要小孩！

贝尔纳，你还好吗？

可怜的老兄……

我……我一点儿都不明白……我只是在一家法国小公司做销售统计……

……我看不出我与全球股市大跌有什么关系……我为什么要对此负责？

你要知道你并不真正了解自己拥有的影响力……

啊……你是这么想的？

那是当然，我看不出还有什么其他的解释……

谢谢你让我重新振作起来。

小事一桩……

哈哈！

世界是属于我的！！

颤抖吧！

……你看，我那个时候正在输入北方地区每周的销售数据……

突然，哐当，我就引发了股市暴跌！

不可思议吧！

……连老板都这么说……

好像我有某种超能力……

呼……这是多大的责任哪！

贝尔纳！！

你又干什么去了?!为什么不在自己的座位上??

啊。

嘿嘿！

我去看看仅仅在这里和你聊了会儿天，就又造成了什么全球性灾害！

毕竟是在试用期里，你有些焦虑也很正常，嗯……

感到害怕，这没什么好难为情的，我们都是过来人……

我不明白你在说什么……

得了吧，你明白的……你会留意非常微小的事情和动作，总是保持警惕……

……总之，有点儿疑神疑鬼。

没有，根本没有，我很平静，我告诉过你……

你挑眉毛是什么意思？

呃，你的电脑去哪儿了？

它以前就在这儿呀，不是吗？

嗯？……啊……

呃……我……

来，我们得聊聊……

这个故事很长……

……所以，它走了，去一个遥远的地方旅行……

去天上了……

哈！这是我的小于贝尔！我们是一个超棒的团队，是不是？

乖，你给我来一小杯咖啡，好吗？

好，好的……

啊……习惯成自然了吧……

嗯……

我说，雅姆，我有些好奇，维克托，壁橱里的那个，他来公司多久了？

哦……公司刚成立的时候他就在了，有 25 年了，我想……

25 年……

拿着，再吃一点儿蛋糕吧。嚼起来不费牙，你看是不是……

哦……

那么，你的秘密是什么呢？

给！既然你没事可做！

不是，我正……

……考虑如何降低杜什劳斯的应收账款……

你不知道该做什么？这个就交给你了！

您能给我开些咖啡贴片吗？

我可以给你一个小建议，千万不要显得无所事事，即使你真的无事可做……

啊

必须显示出你一直在关注业务进展，并且正在推进中。还有一个诀窍，就是走路的时候目不斜视，胳膊下再夹一份文件。

看看你周围，你就知道我说得没错了……

啊，不对呀，你瞧，比如罗兰……

♪

怎样？

嗯？

他是……？

罗兰，他是谁？他是……？

？

啊，是呀……对，对……他是老板……

唉……终于想明白了……

啊……市场营销……首先要有勇气、敢创新……

……不断寻找与众不同的新点子。

简言之，市场营销的关键是想象力！

我说，玛丽-洛尔，关于春夏系列的上市，你打算怎么做？

呃……做个新闻稿！

好的。

呃……我刚才说什么来着？

罗兰，能耽误你几分钟时间吗？

我说，关于我加薪的事……都两个月了，我们该谈一谈了……

嗯……去我办公室吧，那里更合适……

好了……你刚才说？

其实，我们好好想想，不能上网也没什么大不了……

从某种角度看，这也是个机遇呢！

我们重新找回最根本的东西，重新学习生活，学习发传真……

我们重新开展实地工作，重新和邻居交谈……

我们重新闻到诱人的香气……

……重新想要拥抱……

……在重新燃起的欲望中紧贴在一起！

明天就能修好了，是吧？

哦，其实是小事一桩。

我需要把新的产品目录发给咱们的客户……大概有 5000 份……

你知道的，我们现在在缩紧预算，所以我们决定由内部员工来装信封……

要节约每一个铜板，呵呵……

所以，我在找志愿者……

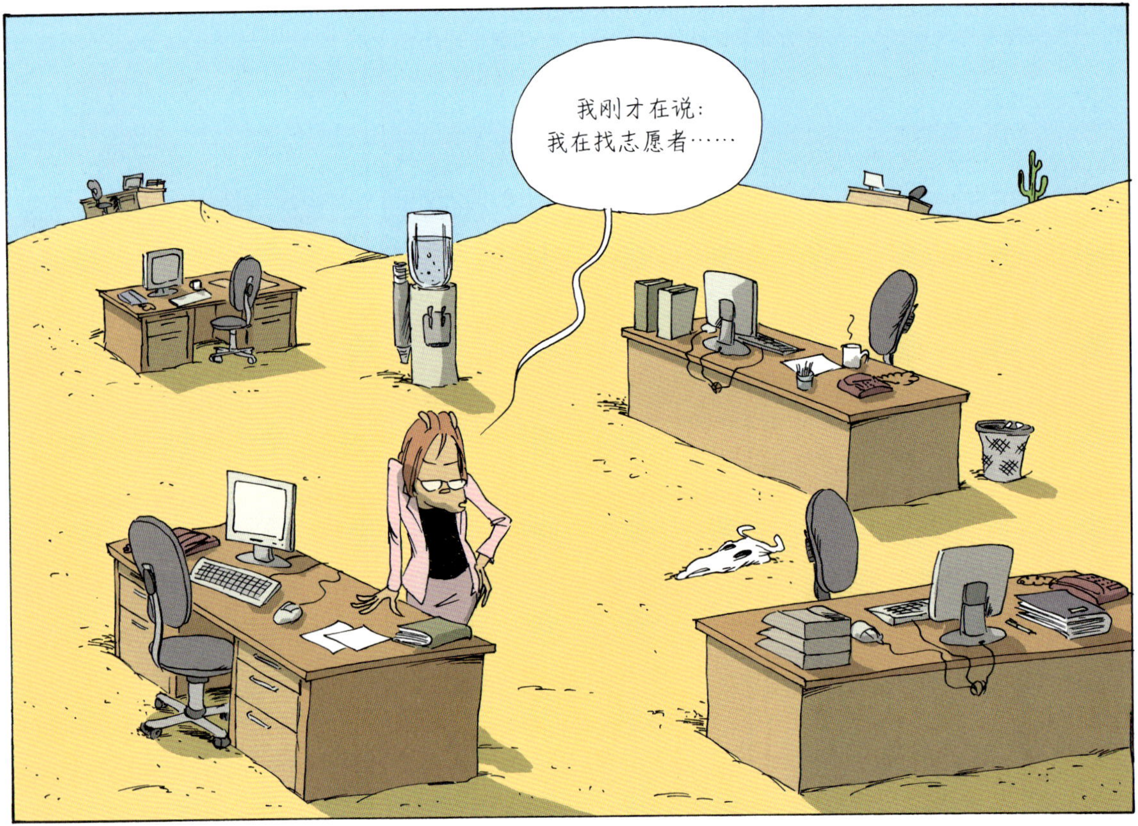
我刚才在说：
我在找志愿者……

啊……
于贝尔……

或是叫"小于贝"
吧……可以吗？

你简直无所不能……

我特别需要你宝贵的
帮助，完成小小的
装信封的任务……

我全靠你了，嗯？

如果她使出女性手腕，
就说明情况对她来说真的
很糟糕……

你不能就这样把于贝尔抢走！
没见过这样的！

好啦好啦好啦！
你们俩都
冷静一下！

唉，我决定为你们做仲裁……
既然玛丽-洛尔临时需要人手，
你们就按二八比例来分配于贝
尔的工作……

小于每周为玛丽-洛尔
工作一天……你们自己
决定是哪一天。

每周的其他时间于贝尔
在让-吕克那里工作。当然
啦，市场部需要支付于贝尔
20%的工资，作为
借调补贴……

那周末和假期怎么算？

对呀，我们
怎么分摊？

你今天，气色不大好……

我不得不把于贝尔一整天都留在玛丽-洛尔那里……

你会习惯的，等着吧……

噢……我不知道……

……不过我替小于担心……他会不会不被市场部接纳，甚至被虐待……

你知道玛丽-洛尔是什么样的人……

哦，这，是啊……

一切都好吧？

你如果有什么需要，不要客气啊……

来杯咖啡？

怎么样，你在玛丽-洛尔那里还好吗？

还习惯吗？

哦，你知道的……秘书的工作……

不管在她那里还是在其他地方，都一样令人振奋……

我……

怎么了？

是让-吕克……他每次经过，总是远远地和我打招呼……

哦，贴心！

烦人……

咦……我不知道你抽烟……

嗯……我以前戒了，可是现在这些禁烟的新法规让我又下决心开始抽烟了……

可恶的反叛精神，嗯？

别提了！

克劳德!

没事的，没事的……只是几次小小的网络中断……

很快就过去了……

休息一下，
抽根烟……

这么说，你又要
彻底戒烟了？

意志力，老兄，
意志力……
就这么简单！

雅姆？

嗯？

送你！

那天，我去了捷豹的汽车专卖店。他们借给我一辆最新型的车……

太棒了！

所以，我就把它买下来了！

我值得拥有……就在那天早上，我还拿到了一张五百万的订单。

银行现在跪在我脚下。他们不会拒绝我的任何要求！

更不用说这半年来获得的两百万增值……

你能给我两毛钱吗？

给我的坐骑加草料和水。他们在等我……

好的。

啊，梅拉妮，我忘了提前告诉你……

今天我们有销售会议。

好的，好的，我已经知道了……

好了，各位，在销售会议开始之前，我要给你们介绍我的新助理……

啊，酷！

耶！

呜呼！

行了，你可以进来了……

新助理就是他，于贝尔。

大家好……

啊……呵呵呵

嗯呃……

呵呵……嗯……

我说，让－吕克的幽默水平下降了不少啊，是不是？

上年纪了吧？

完了……我完了……

我无法再逗我的团队开心了……只要于贝尔在我身边，我就手足无措……和玛丽－洛尔共用于贝尔，这让我睡不着觉……

我这个人算是完了……

好啦，好啦，都是暂时的……今天中午，给自己来个美味牛排加薯条，再来半瓶酒，你就又精神抖擞了，相信我。

可我开始吃有机食品了……

我不在乎……

合群也是
动物的一大
本能!

你打算就这么穿着你的T恤一整天走来走去？

这没什么，我愿意！而且这件T恤挺适合我的！

我得保证自己在公司的生存哪。

可是我说，你，你就不怕变成集体观念面前的反叛角色吗？

自从我把公司的商标文在身上以后，就不必再穿什么T恤了。

失敬！

我那时太年轻、太疯狂了……

我说，雅姆！

你最好不要把别人都当傻瓜，要有些自我批评的意识……

有不少同事，特别是会计部的丹尼尔，都在抱怨你一而再再而三地冷嘲热讽！

以为自己高人一等可就有些浅薄了，况且你还远远算不上无可挑剔……

学会自嘲，这对你有好处，你懂吧？

在专家面前，我可不敢班门弄斧……

希望如此！

瓦尔特，你在财务部肯定会知道……

据说公司要把所有业务搬到中国去，你知道详情吗？

啊，终于要搬了！

我跟罗兰谈这件事已经很久了！……就财务方面来说，这是既能满足股东又能释放现金流的唯一选择！

是，不过如果我们关了这里的公司，你可就失业了……

我准备好为公司的利益牺牲自己……

不，必须停止对于公司要搬到中国去的偏执想法！

净是疯话！

对我来说，让我好奇的是你这样的资本家……

……能够在别的国家工作，开展你的业务……

这有什么问题？！

钱的颜色不重要，可是……

？

？

让我们进去！我们是不会让步的！

我想是工会为此而来，要见你……

嗯？

哦，不！我不要和这些人讨论！

对公司搬迁说不　　停止剥夺我们的工作！　　　　　　别动我的工作岗位

* 法国工会保护本国人的权益。

试用期最后一天……

**图书在版编目（CIP）数据**

在我的开放式工位 / (法) 雅姆著；谢昱译 . -- 成
都：四川文艺出版社，2024.7
ISBN 978 – 7 – 5411 – 6888 – 8

Ⅰ . ①在… Ⅱ . ①雅… ②谢… Ⅲ . ①职业选择－通
俗读物 Ⅳ . ① C913.2-49

中国国家版本馆 CIP 数据核字 (2024) 第 064265 号

著作权合同登记号　图进字：21-2024-047
DANS MON OPEN SPACE- TOME 1 – Business Circus
©DARGAUD 2008, by James
DANS MON OPEN SPACE- TOME 2 – Jungle Fever
©DARGAUD 2009, by James

本作品简体中文版由欧漫达高文化传媒（上海）有限公司（Dargaud
Groupe Shanghai）授权出版

ZAI WO DE KAI FANG SHI GONGWEI

# 在我的开放式工位

[法] 雅姆 著
谢昱 译

出 品 人　冯　静
策划编辑　罗雪薇
责任编辑　王梓画
装帧设计　李照祥
内文制作　张　典
责任印制　廖　龙
责任校对　段　敏

出　　版　四川文艺出版社 ( 成都市锦江区三色路 238 号 )
网　　址　www.scwys.com
电　　话　028 – 86361781（编辑部）
发　　行　新经典发行有限公司
　　　　　电话 (010) 68423599　邮箱 editor@readinglife.com

印　　刷　北京奇良海德印刷股份有限公司
成品尺寸　185mm×135mm　　开　本　32 开
印　　张　5.5　　　　　　　　字　数　128 千
版　　次　2024 年 7 月第一版　印　次　2024 年 7 月第一次印刷
书　　号　ISBN 978-7-5411-6888-8
定　　价　49.00 元